Michael Freidank

Kanakisch-Deutsch

Dem krassesten Sprakbuch ubernhaupt

Eichborn.

Isch geb korreckte Dank dem Jule, Judith und Ingo und krasse Gruße dem Familiem, Kerstin, Peter un Matthias (meinem Mottenbaik is krassern wie deim, isch schwör!)

7 8 9   03 02 01

© Eichborn AG, Frankfurt am Main, März 2001
Redaktion: Judith Schneider
Umschlaggestaltung: Christina Hucke
Gesamtherstellung: Fuldaer Verlagsagentur, Fulda
ISBN: 3-8218-2063-2

Verlagsverzeichnis schickt gern:
Eichborn Verlag, Kaiserstraße 66, 60329 Frankfurt am Main
www.eichborn.de

Inhalt

Vorwort

Liebe Leserin, lieber Leser

Herzlichen Glückwunsch zu diesem inhaltlich
überaus hochwertigen Schriftstück.
Sollten Sie sich mit Grausen abwenden und
denken: »Was soll ich mit solch einem Buch?
Wer braucht denn so etwas? Das ist net korreckt!«, möchte ich Sie zu Anfang gerne eines
Besseren belehren:

»Kanakisch« hat nichts mit Ausländerfeind-
lichkeit zu tun. Diese Sprache ist eine Art
Dialekt, der sich in den letzten Jahren ra-
sant ausgebreitet hat und es auch in Zukunft
noch tun wird. Er wird in Deutschland gesprochen - und zwar unabhängig von Regionen oder
Staatsangehörigkeiten.

Sind Sie schon einmal in München Strassenbahn
gefahren? Oder in Frankfurt/Main U-Bahn? Oder
in Köln mit dem Bus? Überall trifft man auf
Personen, die »kanakisch« sprechen. Dies können Griechen, Deutsche, Türken, Italiener,
Spanier, Männer, Frauen oder sonst was sein.
Sie alle sprechen es. Immer, immer öfter und
überall.
Kanakisch ist eine noch sehr junge Sprache,
was erklärt, dass die Altersobergrenze der
Personen, die dieser Sprache mächtig sind,
bei Mitte zwanzig liegt. Man wird also kaum
einen Fünfzigjährigen kanakisch sprechen
hören, es sei denn, er hat mit Hilfe dieses
Buches die Sprache mit all ihren Besonderhei-
ten erlernt.
Kanakisch ist unverzichtbar. Es ist bei der
rasenden Verbreitung dieser Sprache leicht
abzusehen, was beispielsweise in zehn Jahren
auf uns zukommen wird. Firmen werden neben
fundierten Englisch und PC-Kenntnissen wahr-
scheinlich Kanakischkenntnisse in Wort und
Schrift verlangen.
Der Taxifahrer, der vor 15 Jahren noch fragte

»Wo wollen Sie hin?«, hat heutzutage schon einen »wo du wolle?«-Aufkleber auf seinem Kofferraumdeckel. »Wo du wolle?«ist übrigens kein echtes Kanakisch, es stammt aus der Prä-Kanakischen Ära, als es wirklich nur von Gastarbeitern und Taxifahrern gesprochen wurde. Das reine Kanakisch sollten erst die Kinder der Gastarbeiter salonfähig machen und an uns alle weitergeben. »Wo du wolle?« lautet im heutigen Kanakisch: »Alder, wo soll isch fahrn dem Benz, Alder?« Klingt doch nicht schlecht, oder?

Wollen Sie für die Zukunft in Sachen Sprache fit sein, so lernen Sie Kanakisch - jetzt!

In diesem Sinne wünscht Ihnen viel Spaß beim Lesen, Lernen und Lachen

Michael Freidank

Wichtig für die Lektüre dieses Buches:

Kanakisch sprechende Personen werden nachfolgend »Meister« genannt, da sie uns diese Sprache zum Geschenk gemacht haben und sie absolut fehlerfrei beherrschen.

Dem Fahrrade von Arschnloch

Krass, Alder! War isch gestern Stadt, Alder, weisstu. Mit Kumpeln. Alder, dem stand vor Kaufhaus obern krasse Mottenbaik. Wollt isch abrippen, Alder, abern kam dem Arschnloch von Fahrrade. Hab isch dem gesagt: »Alder, dem Fahrrade is obern krassn, isch geb swei Hunnis, Alder!« Dem Pennern hat gesagt, dem Fahrrade hat fumf Tauis gekostet, isch schwör! Hab isch gesagt: »Bist du dumm, oder was? Fur fumf Tauis kriegst du Benz, Alder, net Fahrrade! Aber, ok, geb isch drei Hunnis, Alder. Gib ma die Fahrrade, lass misch ma fahrn, Alder!« Dem Arschnloch hat misch dem Mottenbaik net gegeben, Alder, hab isch dem seim Fahrrade krassn vollgerotzt, Alder, isch schwör, dem Satteln un dem Lenkhern voll krassn mit Grunem vollgerotzt, weisstu wie isch mein? Dem Spast hat obern schwul geguckt, Alder. Dann is ganz schnell abgefahrt, dem schwulem Spast, Alder!

9

Wie in jeder Sprache, so ist auch in dieser die Grammatik unumgänglich. Aber keine Angst, sie gehört zur einfachsten weltweit.

1. Verben

fick-en (kennenlernen, flirten, ansprechen, fertigmachen)

(isch)	ich	fick	(wirn)	wir	fickem
(du)	du	fickst	(ihrm)	ihr	fickt
(dem)	er	fickt	(dem)	sie	fickem
(dem)	sie	fickt			
(dem)	es	fickt			

Die Verbformen gleichen bis auf die 1. und 3. Person Plural denen des Deutschen.

Beispielsatz:

3. Person Plural: Dem schwulen Pennern ficken dem Tuss, Alder!
(Die Weicheier flirten gerade mit einer jungen Frau!)

1. Person Singular: Dem Spast fick isch!
                    (Den Blödmann mache ich fertig!)

2. Die Verneinung

Hast du dem Fahrrade von dem **net** vollgerotzt?

    Nee, hab isch dem **net** vollgerotzt!

    Oder: Hab isch dem krassn vollgerotzt net, dem Fahrrade!

 Merke: Verneinung »nee« am Satzanfang,
Verneinung »net« vor oder hinter dem
Verb

3. Der bestimmte und der unbestimmte Artikel

Bestimmter Artikel:
der Mercedes = dem Benz
die Mercedes-Fahrzeuge = dem Benzn/Benzem

Unbestimmter Artikel:

ein Mercedes = einem Benz

einige Mercedes-Fahrzeuge = dem Benzn/Benzem

 Merke: Substantive sind immer männlich

4. Pluralbildung

Ganz einfach: Anhängen von –n oder –em an das Substantiv.

5. Zeichensetzung

Die Zeichensetzung spielt im Kanakischen praktisch keine Rolle. Jeder kann Satzzeichen setzen, wie er will.

So kann man zum Beispiel schreiben:

Dem 3ern versäg isch mit meine 190ern im Ruckwärtsgang, isch schwör!

Oder:

Dem 3ern, versäg isch , mit meine 190ern im Ruckwärtsgang
isch schwör.

Oder:

Dem 3ern. Versäg isch! Mit meine 190ern, im Ruckwärtsgang;
isch schwör!

Alle diese Beispiele sind richtig! Nutzen Sie
den grossen Vorteil des Kanakischen. Haben
Sie Mut zur freien Zeichensetzung!

Übungen Lektion 1

**1. Beantworten Sie mündlich oder schriftlich folgende Fragen
zum Text:**

a. Wo war dem Pennern mit Fahrrade?

b. Wieviel hat dem Pennern fur Fahrrade bezahlt?
c. Welchem Auto kriegstu fur fumf (5) Tauis?
d. Welchem Teilem von Fahrrade sind vollgerotzt?
e. Welchen Farbe hattem dem Rotze?

Lösungen:

a. vor Kaufhaus
b. fumf Tauis
c. Benz
d. Satteln und Lenkhern
e. grun

2. Was antworten Sie auf folgende Sätze?

a. Bist du dumm, oder was?
b. Bist du Nazi, oder was?
c. Gehst du Puff, oder was?
d. Bist du Bastard, oder was?
e. Hast du Problem, oder was?

Antworten:

a. Bist du dumm, oder was?
b. Bist du Nazi, oder was?
c. Normal, Alder!
d. Halts Maul, du Missgeburt!
e. Willstu auf Fresse, oder was?

Vokabeln Lektion 1

Tuss: junge Frau

ficken: Geschlechtsverkehr haben,
                             meist aber nur: kennenlernen

Fotze: junge Frau, die sich nicht alles gefallen
                             lässt

Schwanz: Schamhaar, das pinkeln kann

Fahrrade:	Fahrrad
Mottenbaik:	Mountainbike
Lenkhern:	Fahrradlenker
gerippt:	gestohlen
korreckte Material:	gutes Haschisch
Bombernmantel:	Bomberjacke
Bullenalarm:	Polizeiaufgebot
vollrotzn:	draufspucken
dem Gansn:	das Ganze

Lektion 2

Isch geh Schule, wie isch Bock hab!

Hier, Alder, isch geh Schule wie isch Bock hab, weisstu! Hab isch gekriegt aktunvierssisch blaum Briefem, abern scheiss mir egal, isch schwör!

Meinem Lehrern kennt misch gar net, ohn scheiss. Abern scheiss mir egal, weisstu, wenn isch Bock hab geh isch Schule. Aber hab isch net Bock, Alder! Kumpeln von misch gehn manchmal Schule, dem Pennern. Wenn isch Bock hab, weisstu, ruf isch an dem mit Handy, Alder! Bleib isch immern Sitzem, aber muss isch net arbeiten, weisstu wie isch mein?

Weisstu, Handy is korreckt. Puff auch, Alder. Abern Schulen is scheissn! Ohn Scheiss, isch schwör dir!

Die Begrüßung

Im Gegensatz zum Deutschen spielt im Kanakischen bei der Begrüßung vor allem die Gestik eine wichtige Rolle:

Deutsch:

Guten Tag, wie geht es Ihnen?
(Oft gibt man bei der Begrüßung dem Gegenüber die Hand, so wie wir es von unseren Eltern gelernt haben.)

Kanakisch:

Was geht ab, Alder?
(Die Meister geben sich immer die Hand, bzw. sie schlagen sie förmlich ineinander.)

Wie geht der Handschlag der Meister im einzelnen von statten?

A: Man stellt sich breitbeinig vor den zu Begrüßenden, als ob man der Coolste auf dem Globus wäre.

B: Man lässt den rechten Arm etwa 80 cm nach rechts gondeln, um ihn dann mit Schwung und ausgestreckter Hand wieder zurückschnellen zu lassen. Mit einem dumpfen Schlag berührt nun die eigene Hand die des zu Begrüßenden.

C: Sobald sich die Hände berührt haben, greift man mit den Fingern zu, um die Hand des Gegenübers ganz festzuhalten. Dann zieht man die so verhakten Hände nach vorne, hinten, oben und unten. Wichtig: Man bleibt dabei locker in den Knien und verlagert das Gewicht abwechselnd vom rechten auf das linke Bein.

1. Diphtonge

»Ö« und »Ä« werden »Ö« und »Ä« gesprochen und geschrieben,
»Ü« jedoch wie »U« gesprochen.

Beispiel:

Der Schleim ist grün	Dem Rotze is grun
Ich habe ein Völlegefühl	Isch hab krassn Völlemgefuhl
Gehen Sie in östlicher Richtung	Gehst Du östlisch, Alder!

2. Die Deklination:

Die Meister sprechen fast ausschließlich im Dativ. Wird man im Deutschen als minder intellektuell angesehen, wenn man anstatt »die Breitreifen des Mercedes«, »die Breitreifen von dem Mercedes«, sagt, ist die großzügige Benutzung des Dativ im Kanakischen extrem imagefördernd. Im Kanakischen würde obenstehender Satz folgendermaßen aussehen: »Dem dicken Schlappen von Benz, Alder«
Wir sehen: rege Benutzung des Dativs.
Im folgenden sehen Sie drei Deklinationstabellen, die Sie gewissenhaft auswendig lernen sollten:

Feminin (weiblich)

Tuss = (junge) Frau

Einzahl (Singular)

Nominativ	dem Tuss	die Frau
Genitiv	dem Tuss	der Frau
Dativ	dem Tuss	der Frau
Akusativ	dem Tuss	die Frau

Mehrzahl (Plural)

Nominativ	dem Tussn	die Frauen
Genitiv	dem Tussn	der Frauen
Dativ	dem Tussn	den Frauen
Akusativ	dem Tussn	die Frauen

Keine Regel ohne Ausnahme: Das Besondere am Kanakischen ist die Tatsache, dass oben aufgeführte Deklinationen nicht zwingend sind. Sie können ruhig auch mal **»die Tuss«** sagen, dies ist nicht falsch, gibt einem speziellen Satz vielleicht noch den letzten »Kick«.

Maskulin (männlich)

Typ = (junger) Mann

Einzahl (Singular)

Nominativ	dem Typ	der Mann
Genitiv	dem Typ	des Mannes
Dativ	dem Typ	dem Mann
Akusativ	dem Typ	den Mann

Mehrzahl (Plural)

Nominativ	dem Typn	die Männer
Genitiv	dem Typn	der Männer
Dativ	dem Typn	den Männern
Akusativ	dem Typn	die Männer

Neutrum (sächlich)

Balg (Kind)

Einzahl (Singular)

Nominativ	dem Balg	das Kind
Genitiv	dem Balgn	des Kindes
Dativ	dem Balgn	dem Kind
Akusativ	dem Balg	das Kind

Mehrzahl (Plural)

Nominativ	dem Bälgern	die Kinder
Genitiv	dem Bälgern	der Kinder
Dativ	dem Bälgern	den Kindern
Akusativ	dem Bälgern	die Kinder

Merke: Reger Gebrauch des Dativs ist
die Regel, Ausnahmen sind jedoch
erlaubt!

3. Frage und Antwortsatz/Die Fragewörter

Auch die Bildung von Fragesätzen ist nicht allzu schwer:

Beispiel

Aussage: Mein Vater hat 600er Benz, Alder!

Frage: Mein Vater hat 600er Benz, Alder, weisstu?

Oder: Mein Vater hat 600er Benz, Alder, weisstu wie isch mein?

Durch Anhängen eines Fragewortes (hier »weisstu«), wird aus einem Aussagesatz ein Fragesatz. Das Wort »weisstu« wird hergeleitet vom deutschen »weißt du«. Im Kanakischen werden beide Wörter verbunden, wobei das »d« wegfällt.
Diese Wörter nennt man **Fragewörter auf »tu«.**

Hat man es allerdings mit einem Fragewort zu tun, in dessen Verb aus der deutschen Herleitung ein »u« vorkommt, so fallen in diesem Fall »d«, »t« und »ch« weg.

Fragewörter auf »su«

Rauchst-du? = rausu?

Suchst du? = susu?

Übersetzen Sie folgende Fragewörter:

(Halten Sie die rechte Lösungsspalte bitte mit einem Blatt Papier zu, bis Sie die Lösung gefunden haben!)

weisstu?	weißt du?
susu?	suchst du?
sisstu?	siehst du?
lastu?	lachst du?
willstu?	willst du?

brausu?	brauchst du?
rausu?	rauchst du?
rufsu?	rufst du?

Unregelmässige Fragewörter

wixtu?	befriedigst du dich selber?
fixtu?	hast du Geschlechtsverkehr?

 Merke: »Wixtu« und »fixtu« sind unregelmässige Fragewörter. Bei Ihnen wird »ck« bzw. »ch« bei der Bindung durch »x« ersetzt.

4. Verstärkung einer Aussage

Aussagen werden im Kanakischen fast immer mit »Verben der Verstärkung« versehen. Somit erhält die Aussage mehr Aussagekraft.

Beispiel

Normale Aussage: Halts Maul, du Penner!

Verstärkte Aussage: Halts Maul, du Penner, isch schwör!!!

Mit »halts Maul, du Penner« werden im Allgemeinen Personen – auch Freunde – angesprochen, auch wenn sie nichts gesagt haben, sondern sich nur in irgendeiner Weise »danebenbenommen« haben.
Der Zusatz »isch schwör« verleiht dem ganzen etwas mehr Nachdruck.

(Weitere gebräuchliche Wörter der Verstärkung finden Sie im separaten Vokabel- und Übungsteil.)

Wenn sich also beispielsweise jemand ohne zu fragen an Ihren Zigaretten vergreift, so sagen Sie nicht **»kannst Du nicht fragen?«**, sondern sagen Sie in so einem Fall schlicht **»halts Maul, du Penner, isch schwör!«**

Auch das verstärkende Wort »weisstu« wird sehr häufig an das Ende einer Aussage gehängt. Dass die Aussage dadurch zur Frage mutiert, interessiert im Kanakischen allerdings nicht weiter, da der Gesprächspartner auf das Wort »weisstu« keine Antwort gibt.

Beispiel:

Normale Aussage: Isch fahr immern schwarz!

Verstärkte Aussage: Isch fahr immern schwarz, weisstu!

5. Verstärkung einer Frage

Auch eine Frage wird im Kanakischen häufig verstärkt. Dazu wird meist der Anhang »oder was?« verwendet.

Beispiel:

Normale Frage: Warst du Puff?

Verstärkte Frage: Warst du Puff, oder was?

6. Weglassen der Präposition

Wenn Sie im Kanakischen beschreiben wollen, wohin sich ein Lebewesen bewegt (keine Dinge!), so müssen Sie stets die Präposition des Zielortes weglassen.

Beispiel:

Gehe zum Bahnhof!

Lösung: Geh Bahnhof!

 Auch in Bezug auf die eigene Person wird die Konjunktion des Zielortes selbstverständlich weggelassen:

Beispiel:

Ich gehe in den Puff

Lösung: Isch geh Puff

7. Die Zahlen

1 =	eins		10 =	sehn
2 =	swei		20 =	swansisch
3 =	drei		30 =	dreissisch
4 =	vier		40 =	vierssisch
5 =	fumf		50 =	fumpfssisch
6 =	sechs		60 =	sekssisch
7 =	siebm		70 =	sibbsisch
8 =	akt		80 =	aksisch
9 =	neun		90 =	neunsisch
10 =	sehn		100 =	undert

Zum Üben der Aussprache hier ein paar Zahlen:

132 = undertsweiundreissisch

183 = undertdreiunaksisch

250 = sweiundertfumpfssisch

568 = fumfundertaktunsekssisch

Folgend noch ein paar Übungssätze aus dem täglichen Leben:

Dem Nokia sweiunaksisch sehn is obern korreckte Handy, weisstu!

Neunsehnundertaktunaksisch war isch net in Schulem!

Meinem Handynummern, dem isch immern geb Tussn is dem siebnunsibbsisch sechsunsekssisch vierunvierssisch aksisch!

Übungen Lektion 2

Übersetzen Sie die folgenden Sätze ins Kanakische:

1. Hallo, wie geht's?

   Lösung: Was geht ab Alder, alles klar oder was?

2. Diese junge Frau würde ich gerne näher kennenlernen.

   Lösung: Dem Tuss fick isch, Alder!

3. Da bin ich jetzt aber nicht deiner Meinung.

   Lösung: Bist du dumm, oder was?

4. Mein BMW 316i erreicht 190 km/h Höchstgeschwindigkeit

   Lösung: Mein 3ern fährt krasse 320, isch schwör dir!

5. Es ist mir egal, was du dazu zu sagen hast

   Lösung: Scheiss mir egal dem wo du sagst, weisstu!

Ergänzen Sie die fehlenden Wörter:

Hier Alder, dem Kumpeln von mich hat dem gansn Cabrio von Chef angezundet, dem gansn, 1.)................... Dem Pennern hat seim Vattern dem erzählt. Dem hat voll von Vattern auf Fresse gekriegt und in ganze Stadt war Bullenalarm, voll korreckt, 2.)................., und dem Kumpeln war in Stadt noch mit Streischhölzer in Hand. Isch schwör dir, dem Bullen haben den Pennern gecasht, 3.)..............., jetzt hat Bewährung dem Pennern, so voll krasse Idiot musstu erstmal sein, weisstu.

Normal wenn Polizei kommt, weisstu, machst du schnell. Aber weisstu, dem Kumpeln is so dumm Alder, den is soo dumm wie Arschnloch 4.)......................
Respekt, Alder!

1. Isch schwör dir
2. Isch schwör dir
3. Ohn Scheiss
4. Weisstu wie isch mein

Vokabeln Lektion 2

Schlappen:	Autoreifen
3ern:	BMW Dreier-Reihe
5ern:	BMW Fünfer-Reihe
190ern:	Mercedes 190er

S-Benz:	Mercedes S-Klasse
SL-Benz:	Mercedes SL
Benz:	Mercedes E-Klasse
Fuffi:	Fünfzig D-Mark
Hunni:	Hundert D-Mark
Taui:	Tausend D-Mark
Schein:	10, 100 oder 1000 DM-Schein
3 Scheine:	30, 300 oder 3000 DM
6 Scheine:	60, 600 oder 6000 DM
schwul:	dumm
Spast:	Arschloch (als Person)
schwuler Spast:	dummes Arschloch

Was guckst Du?
Bin isch Kino,
oder was?!

1. Aussprache

Auch oder gerade im Kanakischen spielt die Aussprache der einzelnen Wörter eine gewichtige Rolle, da erst durch die richtige Akzentuierung der Wörter ein für den Zuhörer sinnvoller und harmonischer Eindruck entsteht.

Besonderheiten der kanakischen Sprache:

Das Besondere der kanakischen Sprache liegt darin, dass zum Teil ganze Nebensätze gebunden gesprochen werden, d.h. zwischen den einzelnen Worten bestimmter Satzabschnitte liegt keine hörbare Trennung. Zum Beispiel wird das sehr verschwenderisch benutzte Wort »Alder« am Satzende fast immer mit dem vorhergehenden Wort gebunden gesprochen.
Der berühmte Satz »isch hab Tuss, Alder!« (ich habe eine Freundin) wird zum Teil stark gebunden gesprochen: isch hab Tussalder!

Warum werden die Worte »Tuss« und »Alder« gebunden gesprochen? Nun, es liegt an dem Wort »Alder«. »Alder« ist ein sogenanntes »non causales Füllwort« (grammatikalisch überflüssiges, sinnloses Wort im Satzverlauf), das im Kanakischen zur Ausschmückung des Satzes dient. Da dieses Wort Bestandteil fast jeden Satzes ist, hat es sich zur Vereinfachung durchgesetzt, dieses Wort, wenn es am Satzende steht, einfach mit dem vorhergehenden Wort verschmelzen zu lassen. In diesem Falle wird das Wort »Alder« auch häufig noch undeutlich ausgesprochen – so, als wäre es lästig, dieses unnütze Wort am Satzende noch sagen zu müssen.

Zum besseren Verständnis hier einige Beispiele:

Isch hab Tuss, Alder! (Ich habe eine Freundin)
isch hab Tussalder!

Dem is ein Futt, Alder! (Diese Frau ist mir unsymphatisch)
Dem is ein Futtalder!

Bist du schwul, Alder? (Bist du ein Weichei?)
Bist du schwulalder?

Halts Maul, Alder! (Könntest du bitte mal kurz ruhig sein?)
Halts Maulalder!

Achten Sie unbedingt auf die richtige Aussprache! Niemand, der
Kanakisch spricht, wird Sie ernst nehmen, wenn Sie »Futt Alder«
sagen. Erst wenn Sie es »Futtalder« aussprechen, sprechen Sie
wirklich authentisch kanakisch.

Merke: Das Wort »Alder« muss unbedingt
undeutlich ausgesprochen werden!

2. Betonung

Ihren eigenständigen Klangcharakter erhält die kanakische
Sprache erst durch die richtige Betonung der Wörter:

Am Beispiel der Frage »weisstu, wie isch mein?« wird erläutert,
an welchen Stellen betont wird, bzw. welche Teile beim Sprechen fast verschluckt werden und nur noch als akustischer Brei
die Mundhöhle verlassen.

Wie in der Musik, so wird auch hier zum besseren Verständnis das Betonungszeichen »v« benutzt.

Betonungsbeispiel »weisstu, wie isch mein?«:

$$\overset{\lor\lor}{\text{W e i s s t u , \quad w i e \quad i s c h \quad m e i n ?}}$$

Die ersten drei Buchstaben »wei« leiten die Hauptbetonung auf »ss« ein. Dementsprechend wird die Stimme über alle drei Buchstaben hinweg von leise bis ziemlich laut gehoben, bis es nach dem ziemlich laut gesprochenen »i« in die Hauptbetonung übergeht. Das »t« wird schwächer betont und »wie isch mein« wird nicht mehr betont, sondern verwandelt sich von Buchstabe zu Buchstabe in ein immer schlimmeres und langsameres Nuscheln.

3. Der Relativsatz

Im Deutschen gibt es die Relativpronomen »der«, »die« und »das«, mit deren Hilfe der Relativsatz gebildet wird. Im Kanakischen gibt es nur ein (!) Relativpronomen. Dieses lautet: **»dem«**.

Beispiel: Der Kontrolleur, **der** die Fahrkarten kontrolliert, hat mich ohne Fahrkarte erwischt.

Dementsprechend lautet dieser Satz im Kanakischen:

Dem Pennern, **dem** Arschnloch, hat erwischt misch scheissn, Alder!

Zwei weitere Beispiele:

Das Mobiltelefon, **das** gerade neu auf dem Markt gekommen ist, habe ich gestern gestohlen.

Dieser Satz lautet im Kanakischen:

Dem Handy, **dem** krassn neuem, hab isch gerippt gestern, Alder!

Nächstes Beispiel:

Der Computer, **der** einen Systemfehler hat, fährt nicht mehr hoch.

Im Kanakischen:

Dem Computern, **dem** scheissn is, geht net. Weisstu wie isch mein?

Wie Sie sehen, gehört auch der Relativsatz zu dem recht schnell beherrschbaren Satzarten im Kanakischen.

 Merke: Die Relativpronomen »der«, »die« und »das« werden im Kanakischen durch »dem« ersetzt!

Übungen Lektion 3

Übersetzen Sie folgenden Dialog ins Kanakische:

a: Ich gehe jetzt ins Solarium

b: Wirst du die Turbo-Sonnenbank benutzen?

a: Ja

b: Wie viele Minuten wirst du dich sonnen?

a: 30 Minuten

b: Nur so kurz? Ich sonne mich immer eine Stunde lang. Da werde ich dann richtig tief braun. Nicht so wie du.

Lösung:

a: Alder, isch geh Solarium!

b: Gehst du Turbo?

a: Normal, Alder.

b: Wieviel gehst du?

a: Dreisisch Minuden, Alder.

b: Alder, was bist du fur Penner, Alder? Isch mach ein Stunde, Alder. Weisstu werd isch dunkelschwarz, net son Scheiss wie du , Alder!

Übung (für zwei Personen)

Dialog

Aufgabenstellung:

1. Stellen Sie sich mit Ihrem Übungspartner so in den Raum, dass eine angeregte Diskussion zwischen Ihnen möglich ist.

2. Jeder der Übungspartner übernimmt eine Person des unten aufgeführten Dialoges

3. Achten Sie bei sich selber und bei Ihrem Gegenüber auf die richtige Aussprache

4. Bleiben Sie extrem ernst!

Text:

A: Hier Alder, was gehtn ab? Alles klar oder was?

B: Normal, Alder!

A: Was los Alder, warst du gestern Disko oder was?

B: Normal Alder war isch gestern Club69.

A: Alder bist du dumm oder was? Dem is Puff, net Disko.

B: Was net Disko? Dem is ultrakrasse Tekknodisko, isch schwör dir! Dem Puff geh isch schon lang net mehr.

A: Warum gehst du net mehr Puff, Alder? Dem Mandy vermisst dich, isch schwör. Dem hat schon gefragt nach dir, ohn Scheiss.

B: Alder, hab neue korreckte Tuss, Alder. Zwei Wochem treu, Alder, isch schwör!

A: Un, fixtu oder was?

B: Normal Alder, hab isch geile Tuss, Alder. Un du? Wixtu oder was?

A: Alder, bin isch schwul oder was? Isch hab schon mehr Tussn gefickt als du gewixt hast. Alder, bevor isch wix, geh isch Puff!

B: Hast du neue Tuss, Alder?

A: Nee, hab isch net. Vorngestern in Disko alles voll die Fotzen, isch schwör dir.

B: Warum, Alder?

A: Weisstu bin isch Disko gefahren mit krassem Benz, weißtu meine krassem Benz.

B: Un?

A: Dem Tussn haben geredet mit sich ubern krassem Benz von misch.

B: Un, ham disch angemacht, oder was?

A: Dem haben gesagt zu sich, dem Benz is scheissn, weil hat krasse Spoiler. Und andere Typ hat gelacht, hat gesagt isch tu breit fahren un schmal denken oder so. Isch versteh dem net, aber scheiss mir egal, Alder!

B: Alder, dem hat gar keinem Ahnung von Auto, weisstu!

A: Isch weiss, Alder. Benz is krasse Auto, weisstu. Ferrarikiller, isch schwör dir! Abern dem Spast hat dem geglaubt, Alder.

B: Wieso?

A: Hab isch gesagt, kriegt auf Fresse, wenn der dem net so findet.

B: Korreckt, Alder!

A: Normal, Alder! Aber geh isch lieber Puff, isch schwör!

B: Normal, Alder. Geh isch mit. War isch krasse zwei Wochen obernkrass treu, abern isch bin Mann, Alder. Geh isch Puff wie isch Bock hab.

A: Alder, treu sein is krass schwul, isch schwör dir!

B: Isch weiss Alder, mein dummen Fotze kann mich mal. Isch geh Puff!

A: Morgen 20 Uhr?
B: Alles klar, Alder!
A: OK, Ciao.
B: Ciao, Alder!

Vokabeln Lektion 3

Krasse Turbo:	starkes Solarium
scheiss mir egal:	es ist mir egal
Missgeburt:	Depp
Bastard:	Andersartiger
psst, psst:	willst du etwas kaufen?
Arschnloch:	Idiot
Wixer:	Fahrkartenkontrolleur, Busfahrer

Alder, hast du dem schon gehört: Dem Alice Schwarzern is schwul, krass oder?!

Das Outfit

An dieser Stelle soll aufgezeigt werden, welches Outfit der kanakisch Sprechende bevorzugt. Nachfolgend sehen Sie eine Liste von Kleidungsstücken, auf die er großen Wert legt.
Bedenken Sie: Nur wer wirklich authentisch rüberkommt, wird auch ernst genommen!

Wichtige Utensilien, die Sie sich anschaffen sollten:

Knopfhose, Fa. Adidas	ca. 190,-
Nike-Lederschuhe mit flacher Sohle	ca. 200,-
Tennissocken mit Kringeln, Aldi	ca. 3,-
Rolex Armbanduhr, am besten Gold	ab ca. 5000,-
Weißes od. schwarzes Rippenshirt der Fa. Levis	ca. 90,-

Schwere Goldkette, die mindestens
bis zum Ende des Brustbeines hängt,
incl. schwerem Anhänger mit irgend-

welchen coolen Initialen – gerne auch Plagiat	ca. 5,- – 20000,-
Gürtel der Fa. Levis mit grosser Gürtelschnalle	ca. 80,-
optional noch ein goldenes Armband, gerne auch Plagiat	ca. 3,- – 5000,-

Gesamtpreis der Ausrüstung   5571,- bis 30563,-

Wie man sieht, ist so eine Sprachausrüstung nicht gerade billig, weshalb empfohlen wird, es bei der absoluten Grundausstattung mit Knopfhose, Tennissocken, Nike-Schuhen und Levisshirt zu belassen.

Haben Sie lange Haare? Wenn ja, herzlichen Glückwunsch! Gehen Sie sofort zum Friseur Ihres Vertrauens und lassen sich eine Dauerwelle machen (ganz viele kleine Löckchen, Sie wissen schon). Fragen Sie Ihren Friseur auch gleich nach einer großen Tube Haargel.
Zu Hause angekommen, drücken Sie die Tube Gel in Ihr Haar (keine falsche Bescheidenheit, drücken Sie die Tube komplett aus)! Nun massieren Sie das Mittel so lange ein, bis ein gleichmässiger »Wetlook« Ihre Frisur schmückt.

Ja, und wenn Sie sich jetzt noch in Ihre Kluft werfen, brauchen Sie fast gar nichts mehr zu sagen – Sie werden garantiert nicht wie ein »schwuler Pennern«, sondern eher wie eine »obern krasse Kampfmaschine« erscheinen.

Das Auto der Meister

Das Auto ist neben Mama das wichtigste auf Erden. Diese Einstellung, die man auch bei Nicht-Meistern zuweilen beobachtet, hat bei echten Meistern noch eine viel extremere Ausprägung.

Die Autowelt des Meisters ist im Grunde eine sehr kleine. Genauer gesagt gibt es nur zwei Firmen, die aus seiner Sicht Autos bauen, die diese Bezeichnung auch verdient haben: Mercedes, im Kanakischen »Benz« genannt, und der bayerische Konkurrent BMW. Wobei bei BMW der 3er, bei Mercedes dagegen die S-Klasse in der Gunst ganz oben rangieren.

Nachfolgend eine Hitliste der begehrtesten Autos des Meisters. Auffällig ist, dass BMWs 3er-Reihe als Cabriolet seit Jahren einen unangefochtenen ersten Platz einnimmt, ähnlich wie bei Nicht-Meistern der Golf.

1. BMW 3er Cabriolet
2. BMW 3er
3. Mercedes S-Klasse
4. Mercedes SL
5. BMW 5er
6. Mercedes E-Klasse

Parellel dazu wird die Liste zum Lernen nochmal auf Kanakisch aufgeführt:

1. 3ern Cabrio
2. BMW 3ern
3. S-Benz
4. SL-Benz
5. 5ern
6. Benz

Wie Sie vielleicht wissen, sind Automobilhersteller bestrebt, bestimmten Ausstattungs- und Motorvarianten wohlklingende Namen, wie z.B. »C230 Kompressor« in der »Elegance« Ausstattung, oder schlicht »M3« zu geben.

Da der Kanaksprakler mit Serienfahrzeugen nichts anfangen kann, die seiner Meinung nach im automobilen Alltag sowieso nichts taugen, nimmt er die Sache kurzerhand selbst in die

Hand. Er schraubt einen Sportauspuff an seinen 3er, dazu noch Breitreifen, Alufelgen, steigert die Motorleistung um ca. 100 PS und tauft das so entstandene neue Modell auf den Namen »obern krasse 3ern«.

Verschiedene Modellvarianten am Beispiel der BMW Dreier-Reihe werden hier aufgeführt, damit Sie auch wissen, um welche Ausstattungsvariante es sich im einzelnen handelt:

Basismodell (3ern) : BMW 3er-Reihe, 316i, 102 PS

Krasse 3ern: zusätzlich Alufelgen mit 215er Reifen, Spoiler, Sportauspuff mit Doppelrohr und 60mm Durchmesser

Obern krasse 3ern: zusätzlich mit Alufelgen mit 225er Reifen, hinten 285er, rundumverspoilert, 60mm tiefer, Sportauspuff mit Doppelrohr und 100mm Durchmesser, Leistungssteigerung auf 200 PS

Pervers krasse 3ern: zusätzlich mit Alufelgen mit 285er Reifen, hinten 335er, rundumverspoilert, 80mm tiefer, Sportauspuff mit 4-fach Endrohr

mit je 150mm Durchmesser, Hubraumver-
grösserung auf 2,8l Leistungssteigerung
auf 320 PS

**Obernhart pervers
krasse 3ern:**   zusätzlich mit Alufelgen mit 385er Reifen,
hinten 485er, rundumverspoilert, 103cm
verbreitert, 180mm tiefer, Sportauspuff
mit 4-fach Endrohr mit je 320mm Durchmesser, Implantierung des BMW 12 Zylin-
dertriebwerks, zusätzlich Hubraumver-
grösserung auf 8,6 Liter, Abgasturbolader,
Leistungssteigerung auf 743 PS

Schwuler 3ern: BMW 3er Diesel

Zum Schluss wäre noch zu erwähnen, dass die Frau des Meisters
generell nie selber fährt, sondern auf dem Beifahrersitz mitfah-
ren darf.
Sitzen zwei Männer im Auto, so sitzt die Frau auf dem Rücksitz,
niemals vorne.
Sitzen zwei Männer und zwei Frauen im Auto, so sitzen die
Männer vorne und die Frauen selbstverständlich hinten.
Angefahren wird mit dem Auto selbstverständlich im ersten

Gang. Im Gegensatz zu Nicht-Meistern wird aber erst erstaunlich spät in den zweiten Gang gewechselt (Faustregel: ab ca 50 Km/H zweiter Gang, ab 90 km/h dritter Gang).

In geschlossenen Ortschaften wird generell nur im ersten oder zweiten Gang gefahren, nie jedoch unter 80 km/h (einzige Ausnahmen: wenn Arschlöcher mit nur 50 km/h vorneweg fahren und den Verkehr behindern; schöne Frauen auf dem Bürgersteig laufen, denen unbedingt nachgeschaut werden muss; vor Eiscafés, um das Auto zu präsentieren). Außerorts wird auch mal der dritte, auf der Autobahn zum Erreichen der sehr wichtigen Höchstgeschwindigkeit auch mal der vierte oder gar fünfte Gang verwendet.

Kommt ein Meister mit seinem Benz z.B. an einem Eiscafé vorbei, vor dem viele Leute sitzen, so wird zunächst die Musik im Auto noch lauter gemacht als sie ohnehin schon ist. Laut genug ist sie, wenn das Nummernschild am Kofferraumdeckel zu klappern beginnt. Dann wird die Geschwindigkeit kurz vor dem Café schlagartig verringert und im Leerlauf der Motor ein, zwei mal so richtig auf Höchstdrehzahl gebracht, bis alle Leute bewundernd auf das Auto schauen. Genau in diesem Moment wird eingekuppelt und mit einem lauten Reifenquietschen geht es weiter. Schließlich fahren Meister ihr Auto nicht, um anzugeben. Es ist ein Lebensgefühl. Ja, und die Frauen stehen ja auch drauf, oder?

Übrigens: Die Sitzlehnen eines solchen Autos sind auffällig flach eingestellt. Erst so kommt echtes Sportwagenfeeling auf.
Haben Sie alle Zusammenhänge verstanden? Testen Sie sich nun in folgendem Kurztest selbst:

Test

Antworten Sie bitte auf folgende Fragen:

1. Wenn isch mit eim Kumplen im Auto misch setz, wo ist mein Tuss, Alder?

2. Wenn isch mit Tuss in Auto sitz, Alder, fährt dann dem Tuss?

3. Wann mach isch drittem Gang, Alder?

4. Was mach isch vor Eiscafé?

5. Wann ist dem Musik korreckt laut, Alder?

6. Bei wem fahr isch in Stadt net aksisch?

Lösung:

1. Auf Hintermbank, Du Arschnloch!

2. Bist du dumm, oder was?

3. Wenn isch mehrn wie neunsisch fahr, Alder!

4. Krasse Motorsound!

5. Wenn dem Nummernschild macht mit Technobass!

6. Bei Arschnloch un geilem Tuss, Alder! Un bei Eiscafé, weisstu, wie isch mein?

Anhang

Weitere Dialoge zum Mitlesen und Mitsprechen:

Dem Wixer hat misch erwischt gestern

Alder, bin isch gestern gefahrt im Bus, weisstu! Hat Fahrern Tu-
ren su gemacht un is abgefahrt, Alder! Hab isch gedacht, ok
Alder, fahr isch Bahnhof, Alder, weisstu wie isch mein? Abern
krassn plösslisch kam Wixer un wollt Fahrkarten sehn von
misch. Abern hab isch naturlich gehabt net, dem Fahrkarten,
scheiss mir egal , Alder! Dem Wixern hat gesagt: »Ok, keinem
Fahrkarten, sekksisch Mark!«. Hab isch gesagt: »Weisstu, hab
isch vergessem, Alder!« Aber dem Wixern hat misch net geglaubt dem, wollt konkrete Perso sehn von misch, isch schwör!
Isch hab gesagt: »Normal isch immern habe Pass dabei, Alder,
hab isch vergessem, Alder!« Hat misch dem Wixern gefragt dem

wo isch wohn, hab isch gesagt krass falschem Strassen un falschem Nummern. Weisstu, dem Wixern is so dumm, Alder, muss isch jetzt net sahlen seksisch Mark, Alder, weil dem hat net meinem konkrete Adresse, Alder! Obern krass, oder?

Swei Tussn unterhalten sich

A: Gabi

B: Sandra

A: Hi Sandra, muss isch disch was erzählen: Dem Marion is krasse Jungfrau noch! Hat ohn scheiss noch kein Typ gefickt, Alder!

B : Ohn Scheiss, abern dem is doch schon aksehn?

A: Normal, Alder! Abern dem hat noch net gefickt! Krass, oder?

B: Wem hat dir dem gesagt, Alder?

A: Dem Schwesthern von Marion! Normal, Alder! Hat misch gesagt, dem hat noch nie gehabt Typ, Alder!

B: Abern dem Marco wolltem doch was von dem?

A: Ja, abern dem Marion hat dem net gemacht, Alder!

B: Krass, is dem schwul dem Marion, oder was?

A: Normal, Alder! Dem Marion is krass schwule Tuss, Alder!

B: Abern mal erlich, dem Marion wollt was von unserem krasse Mathemlehrerm, isch schwör.

A: Ohn Scheiss?

B: Ohn Scheiss! Abern dem Lehrern hat gesagt, dem is net so gut, wenn dem was macht mit Marion.

A: Warum, Alder?

B: Weil dem hat gesagt, dem is net gut fur konkretem Beruf Lehrern, weisstu!

A: Warum, Alder? Versteh isch net, dem sieht doch krassn korreckt geil aus, Alder, isch schwör!

B: Normal, isch weiss abern au net wieso.

A: Vielleicht weil Marion hat gesagt das dem hört »Caught In The Akt«, odern?

B: Du meinst vielleicht dem »Kotz In Die Eck«?

A: Krass, Alder! Dem is krasse Joke, Alder!

B: Normal, Alder, isch schwör dir!

A: Abern dem Marion hat immern noch net gefickt, odern?

B: Normal, Alder!

Dem krassn 190ern

Hier, Alder, krassn 190ern hab isch, isch schwör! Fährt krasse 330, ohn Scheiss! War isch gestern McDonals, weisstu, hab isch krass Kumpeln mit 5ern getrefft, Alder! Dem hat misch gesagt, dem 5ern vom sich is schnellern wie meinem krassn 190ern, abern hab isch gesagt dem stimmt net! Dem Kumpeln hat gesagt, ok, machen wirn krasse Race, Alder! Ok, hab isch gesagt dem, dem 5ern versäg isch im Ruckwärtsgang! Ok, sind wirn krassn an Ampeln gefahrt, dem im Vorwärts, isch mit obern krasse Benz in Ruckwärtsgang! Dann, Ampeln wurdem grun und isch hab voll versägt dem Spast! Bin isch mit 190ern krass korreckte 280 in Ruckwärtsgang gefahrt, isch schwör! Dem is ein obern krassn Karre, Alder!

Alphabetisches Vokabelverzeichnis

DEUTSCH	KANAKISCH
Anabolika	Eiweissn
Andersartiger	Bastard
Arschloch	Spast
Autoreifen	Schlappen
BMW 3er-Reihe	3ern
BMW 3er Compact	Tussn-3ern
BMW 316i	Schwuchtel-3ern
BMW M3	Krassn 3ern
BMW 3er Diesel	schwuler 3ern
BMW 5er-Reihe	5ern
BMW 5er Diesel	schwuler 5ern
BMW 7er-Reihe	7ern
BMW 7er Diesel	schwuler 7ern
Bomberjacke	Bombernmantel
Bruder	Brudern
Busfahrer	Wixer

das Ganze	dem Gansn
Depp	Missgeburt
draufspucken	vollrotzn
dumm	schwul
dummes Arschloch	schwuler Spast
es ist mir egal	scheiss mir egal
Fahrkartenkontrolleur	Wixer
Fahrrad	Fahrrade
Flasche	Flaschem
Geschlechtsverkehr haben	ficken
gestohlen	gerippt
gut	korreckt
gutes Haschisch	korreckte Material
harter Bass	Technobass
Heimat	Hausem
Idiot	Arschnloch
junge Frau	Tuss
junge Frau, die sich nicht	
alles gefallen lässt	Fotze
junger Mann	Typ
kennenlernen	ficken
Kind	Balg
(Fahrrad)-Lenker	Lenkhern
Mercedes 190er	190ern

Mercedes E-Klasse	Benz
Mercedes S-Klasse	S-Benz
Mercedes SL	SL-Benz
Mist	Scheissndreck
Mountainbike	Mottenbaik
Polizeiaufgebot	Bullenalarm
reiche Person	Bonsem
Sattel	Satteln
Schein	10, 100 oder 1000 Mark
Schwanz	Schamhaar, das pinkeln kann
Schwester	Schwesthern
starkes Solarium	krasse Turbo
Vater	Vathern
Wasser	Wasshern
willst du etwas kaufen?	Psst, psst …
Zigarettenautomat	Kippemotomat
50 D-Mark	Fuffi
100 D-Mark	Hunni
1000 D-Mark	Taui

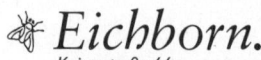